조율의 서막

조율의 서막

2025년 6월 30일 초판 1쇄 인쇄 발행

지 은 이 ㅣ 최관수
펴 낸 이 ㅣ 박종래
펴 낸 곳 ㅣ 도서출판 명성서림

등록번호 ㅣ 301-2014-013
주   소 ㅣ 04625 서울시 중구 필동로 6 (2, 3층)
대표전화 ㅣ 02)2277-2800
팩   스 ㅣ 02)2277-8945
이 메 일 ㅣ msprint8944@naver.com

값 10,000원
ISBN 979-11-7439-003-5

최관수 문학 후원 계좌 ㅣ 441-02-199811 농협

※ 잘못된 책은 교환해 드립니다.
※ 이 책 내용의 일부 또는 전부를 재사용하려면 반드시 저작권자의 동의를 얻어야 합니다.

조율의 서막

調律의 序幕

최관수 제11시집

도서출판 **명성서림**

열기 전에

피아노의 현이 늘어지면 정확한 음색이 울리지 않고 연주가의 성격에도 상처를 준다. 밝고 올바른 연주를 위해서 피아노를 치면서 기억하고 있던 음정이 제대로 나오지 않을 때 연주가는 자기의 실력을 의심하게 되고 연주를 듣는 청중들에게도 연주가로써 양질의 음악을 선사하지 못한다.

문명세계는 약300년, 인류문명이 시작된 지 1만년으로 추정도 하고 문화의 깊이도 서로 다르게 각각의 문화권에서 다양한 주장을 하고 있으나 지구상에서 존재하는 국가와 국가 간에 발생한 문명은 300년 내외로 정반합의 분열과 융합에 의해서 발전하였다.

처음에는 인간의 유익을 위해서 시작된 문명운동이 점차 그 정도를 이탈하여 각양각색의 발전과 퇴보가 연속되었으나 문명이 사람의 손에 이어 거쳐 가면서 결국 이기적인 현상이 심하게 노출되었다.

이제 우리가 만들어 사용하고 있는 제도권의 모든 유형이 원형을 다시 회복할 수는 없겠으나 조율이 필요한 현실에 이르렀다.

세상은 가꾸지 않아도 잡초는 우거지고 당연히 자라야 할 유익한 것들은 인위적인 양보와 멸시에 의해서 질서는 훼손되고 자리와 위치는 바뀌었다. 이 조율이 당연하다고 하면서도 조율을 할 능력이 없으며 조율을 당할 일도 희박하다.

슬프다. 이 시점에서 양심에게 조율을 부탁하기에는 양심 또한 감당하기 어려워졌다.

그러나, 더 이상 늦출 수 없이 조율이 이루어져야 하는 그 시작으로 "조율의 서막"이라는 명제로 글을 모아 내어놓는다.

서기2025년 5월
저자 최관수

차례

04　열기 전에
10　저자 약력

1부 — 접촉과 연결

12　접촉과 연결
13　조율의 서막
14　아버지의 이름
16　삶은 깃발이었다
18　독행篤行
19　콩의 여행
20　일목요연一目瞭然
22　충청문인으로 살며
24　마스크 하루
26　수선화
27　명경지수明鏡止水
28　나는 무엇 하며 살았나?
30　일몰
31　화양연화花樣年華

32　넘치는 축복
34　김밥 도시락

2부 — 나이들 적에

36	나이 들 적에	58	가와
38	지고이네르바이젠 (Zigeunerweisen)	59	가을 풍광
		60	복자福者
39	고산 정관 윤선도선생	61	대천역 풍경
40	흰 고무신	62	시월애
42	보령의 짐을 진 사람들	63	천년의 숨결
44	5월이 떠나려 합니다	64	가을정원
47	고향	66	하루 밤 사이에
48	효경孝耕	67	쌀
50	효 짓는 늙은이	68	혼 자국 1
52	푸른 오월에	69	혼 자국 2
54	동구나무	70	혼 자국 3
56	가을바람	71	혼 자국 4
57	낮은 자리	72	혼 자국 5

3부 — 신율

74 신율神律
75 변화의 주체
76 설
77 향수
78 내 마음 창을 닦아
80 살림
81 음악은 축복
82 정의를 초대하며
84 흑수저론
85 marry Hamiltan (메리 해밀턴)
86 인제 가는 길
87 속초횟집
88 노래자랑
89 백담사 답사
90 친구
91 사다리
92 가연歌戀
93 그리움을 쌓으며
94 행복의 시작
96 가을해변
97 낙엽
98 위로

4부 — 가을 날개

100 가을 날개
101 수상
102 돌을 쪼는 사람들
103 석공시연
104 경로당 이야기
105 아산의 향기
106 시 낭송축제
107 공경
108 당당함
109 시 향연
110 보리암
111 상주 은빛모래 해수욕장
112 남해 유배문학관
113 삼천포대교
114 독일마을
115 김만중문학관
116 시화전詩畵展
117 사람 사이에
118 풀무질
119 돌을 자르다
120 뜻깊은 전시
121 하트
122 그림자의 삶
123 언 땅 즐기는 뿌리
124 침묵

125 epilogue

저자 약력

최관수 崔寬洙

"나목(裸木)", "어머니", 삶으로 문예사조 신인상 수상(2000년), "현대문학을 진단한다." 시와 창작 문학평론가(이은집추천)등단, 한국시인협회 회원, 국제P.E.N클럽한국위원회 회원, 한국문인협회 회원 (시서화진흥위원회), 충청남도문인협회 회원, 보령시문인협회 회원, 소금꽃시문학동인

수상 충남문인협회 작품상수상, 충남문학대상수상, 만세보령대상(교육문화)수상, 계룡경로대상(1천만원수혜), 한국사회복지대상, 대한민국을 빛낸 위대한 한국인대상 수상, 국무총리상훈, 등 190종 수상

자격증 사회복지사, 효교육지도사, 인성교육지도사, 민주시민교육강사, 한자교육지도사범, 웰다잉교육지도사, 한국노인교육통합지도사, 충청남도예절지도사, 하모니지도위원자격, 평생교육사, 다문화사회전문가, 한국전례원교수, 충청효교육원교수, 성균관전인(자문위원)

경력 충청남도전례원장역임(2대), 통일부교육위원 충청남도민방위소양강사, 보건복지부가정의례위원, 한국가훈본부(10,500가정완료), 충남정신발양보령시(도본부)협의회장, 바르게살기운동보령시협의회장, 보령예술인회장, 성산효대학원대학교효교육학석사전공

제1부
접촉과 연결

접촉과 연결

접촉이 이루어졌다고
연결이라고 할 순 없다

어머니 탯줄을 잡고 태어나
평생을 연결을 위한 갈증에
무수한 접촉을 통한 연결을
이루지 못하고 세상을 떠난다

어머니 젖을 빨며 시작했으나
세상을 헤매다 연결을 못하고
친구와 친지와 관계를 맺고
무한한 접촉을 시도하면서
연결을 위한 몸부림이다

접촉은 이익을 위하여 애쓰지만
연결은 부담과 값없어 순수하다
내 생명 연장의 마지막도
어머니의 탯줄에 이르지 못하나
자연은 쉽게 연결을 받아 준다

조율의 서막

양고기라 이름하고 늑대처럼 먹었다
오랜 진실을 배워서 한 입에 거짓으로 말했으니
마스크로 입을 막고 헐떡이는 숨 속에 용서가 익는다

따스한 손으로 위로하는 척 핑계가 쌓여 검은손이 되었고
부지런한 손보다, 부드럽고 한가한 흰 손만 가꾸었다
부산한 손, 더러운 행동으로 이미 정신에 병이 들고
이제 손이라도 자주 닦아 마음을 위로한다

뚜렷한 목적보다 종적이 없는 발자취로
몽유병 환자가 되어 어제 간 곳도 기억이 없다
몸을 싣고 가는 발걸음은 신중해야 된다고
사회거리두기라는 고리로 족쇄를 채웠다

사람은 구속을 피하고 대속을 어기고 스스로를 묶었다
조율의 서막은 이렇게 조용하게 다가왔다
드러누웠던 사상들도 모두 일어나 종교에 도전하나
누구 한 사람, 먼 여행 중인 어느 구도자도
뉘우치거나, 반성하지 않아 책임 질 일이 없다
이제라도 내 죄로소이다, 나를 데려 가시오 하며
발등에 엎드려 못자국 선혈을 입으로라도 닦아야 한다

아버지의 이름

아버지의 아름은 자식의 몸이다
기분이 좋을 때 막걸리 사발에 헛기침을 채워
기쁨의 공간을 넓혀 주시고
불이 났을 때에도 너털웃음 줄 다르며
초조한 마음에 용기를 불어 주는 사람이다
아버지는 울 곳이 없어 눈물이 마르고
여럿의 마음을 헤아리는 끝자락에
어눌한 듯 행동으로 말을 한다
두고두고 생각나는 아버지
그 사랑은 돌아가신 후 돌려주는 사랑
동구나무로 버티고 서있는 모습이다

문득문득 아버지의 모습은 어리고
여기저기 서 있는 아버지의 모습을 본다
아버지가 평생을 다하신 일은
봄은 자녀에게 맡기고 나침반이 되고
여름에는 부모에게 드리는 갸륵한 효도
가을은 빈자리 없이 아내에게 물리고
삭정이 꺾어 흰 눈 사이로 산길 헤쳐 오는 아버지
인생의 겨울은 온통 아버지의 몫이다
자식이 돌아오지 않는 새벽에도

끝이 없이 쌓이는 어머니의 푸념을 넘어
대문 앞에 어른거리는 표정 하나만 보신다

아버지는 이름은 자식의 몸이다
삶은 깃발이었다

삶은 깃발이었다

삶은 깃발이었다
깃발로 태어나 어느 낯선 바다
바다 한가운데 망망함의 푯대가 되어
모진 바람에 나부끼다가
깃발이었던 과거를 움켜쥐고
감각의 흔적만으로 깃발이라 서 있다

한 때 드넓은 바다에
양양한 포부로 황색의 빛깔을 칠하고
사나운 바람이 온몸을 쉼 없이 때려도
철없이 나부끼면서 광란의 춤을 추고
척척한 온몸을 부르르 떨며
얼지도 않은 바다 복판에서
밤새워 눈물만 흘렸지

한 동안 잘도 지냈지
헐떡이는 물새가 앉았고
맨 먼저 노을을 탐했고
파도의 간지럼이 줄을 이었고
바람들이 부러워했지

이제 나는 눈이 멀어 침침하고
손발도 씻겨가고 형태만 남았다
늙은 고깃배도 그냥 지나치며
푯대에 매달린 헌 천 조각이
지난 날 깃발이었던 기억조차
잊은 지 오래되었다

독행篤行

대숲에 잔잔하게 바람이 일면
은파 3중주 사운 대며 휘돌아가고
멀리가도 긴 여운 가슴에 와 닿는다

낮을수록 마디는 총총하여 시선이 머물고
자라면서 마디는 더 넓은 공간을 이루어
공명에 사는 메아리가 연주된다

어느 누구도 대나무 숲을 지날 때는
까치발로 걸어가며 화음을 즐기고
말발굽도 토닥토닥 조심하며 걸어가니
닮아가며 언제나 가벼운 마음이다

콩의 여행

나는 여유 있고 겸손하여
비옥한 땅 이웃에게 다 내주고
가파른 뚝 길섶 모서리 땅에서
천신만고 끝에 싹을 틔워
영글어 가는 강인한 목숨이다

나는 순수하고 단단하다
그러나 헤픈 성격에 모험을 즐겨
물만 만나면 꼬리를 치고 가슴을 내놓는다

나를 삼켜서 이윽고 가루로 만들면
그대의 몸 기능은 다시 활기를 찾고
내가 가는 골목마다 기능은 회복된다

때로는 동물의 포로가 되어 긴 여행으로
낯선 어느 가파른 곳에서 다시 나를 굴리고
뿌리를 뻗어 부지런히 밤길을 헤매어
주머니 집을 짓고 차곡차곡 자식으로 채운다

일목요연一目瞭然

시외버스에 올랐을 때에
고운 할머니가 머리 숙여 있었다
나는 빈자리인 옆 좌석에 앉아서
눈이 내리는 창밖을 보다가
할머니 어디를 가서요? 하고 물었다
천천히 머리를 든 할머니는
산에 들에 내리는 눈발의 산하에
감사한 마음으로 기도하였다고 말했다

자리가 익숙해 진 할머니는
아들이 6개월 전 사고로 실명하여
다시 낳는 마음으로 한 쪽 눈을 주었다며
안대에 가려지지 않은 한 쪽 눈은
젊고 머루같이 반짝이는 눈이었는데
한쪽 눈으로 보는 세상은 환상이라 했다

나는 목울대에서 올라오는 슬픔에 겨워
순간 흔들리며 어정쩡하게 일어나
앉지도 서있지도 못하여 기둥에 기대어
울음이 소리되어 밖으로 나왔다
먼저 내려야 하는 흐린 눈의 나에게

먼 산등성이에 내리는 눈에 미소 보내며
바른 자세로 곧게 앉아 목례로 답했다
이 시간 미물 같은 나에게 자리를 주셔서
천사와 시선을 마주하며 맑은 마음으로
허둥대며 정신 차리게 하셔서 고맙습니다

배 아파서 낳은 자식이 눈을 잃었을 때 사랑의 눈을 다시 자식에게 준
이 하늘을 닮은 어머니의 사랑을 세상을 향하여 갚아야 한다

충청문인으로 살며

하얀 발로 내려 온 빗방울이
흙속에 들어와 한 몸이 되어
충청산하와 순후한 도민을 익게 하고
자연의 조화로움을 들어 미소를 보여 주네

사람으로 서서 시간을 걸고
아무도 가두지 않는 계룡산 계곡의 햇살
산새둥지 아가 새 낮은 혀로 노래하고
그렇게 자연의 섭리에 순응하고
청풍명월을 들어 키워가는 우리네
추스르고 추슬러 누르고 눌러
어리석으리만치 바치고
바치고 가는 11월, 도도함의 주인이다

봄에 엎드려 파종하고 여름엔 울창한 노래
가을은 영글어 손짓을 재촉한 곳에
이제 우리 추수의 농밀한 기쁨을 채우고
추수동장의 갸륵한 추억의 깊이에서
효도와 친친을 게을리 하지는 않으리

우리 눈물을 펑펑 쏟아 보자
눈물알 속에는 감격과 고뇌와 감사가 있고
그 눈물고인 자리에 사랑이 있을 것이니
진정한 사랑은 실패를 담은 성공에 서서
눈물을 펑펑 쏟아내어 대지를 적셔보자

우리 서로에게 빛이 되고
서로 등불을 들고 다투어서 인사하고
다채로운 문화들을 인품에 담고
너와 나의 정신으로 가꾸어 나가세
비상을 꿈꾸는 그 자리에서
민족정신의 모체를 가슴 깊이 간직하고
결국 모체의 자양이 되어 충청을 살찌우세
다시 열리는 새날 모두 손잡고
땀 흘린 곳마다 행복을 기원하세

마스크 하루

마스크 고맙다

더듬거리며 안경을 찾듯
마스크가 일상이 되어
귀찮았던 친구가 이제 하나 되었다

벽속에 가려진 그림자는
입술을 깨물며 화를 내고
부득부득 이를 갈며 분노하고
혀를 날름거려 냉소 짓던 주름도
그림자 속에 가려져 있다

어쩌다 가느스름한 눈으로
표정을 훔치려 애를 써도
교활한 눈빛은 요행히도
순간에 유리한 눈빛으로 바뀐다

입 냄새 콧물은 여전하고
튀기는 침까지 흥건히 받자니
하루가 고역으로 차려져 있다
날이 어두워 술 취한 지친 몸은
어느 쓰레기통 구석에 박혀져
고약한 주인을 만난 뒷얘기 나누다
낯 설은 화덕 불에 재가 되어
희생의 죄과로 사형 당한다

그래도 문득
고마웠다던 추억의 끈은 잡았다

수선화

가녀린 노란 잎은
선녀의 소매 자락

봄빛이 만나고 간
그리움 보금자리

새 봄날
끌어 올려 핀
꿈의 환희 수선화

명경지수 明鏡止水

언제나 맑은 얼굴로 다가 오는
투명한 마음을 지닌 그 사람은
나의 친구가 되나 따라가기 힘들고

마음이 비어 있으나 청량한 눈빛은
한쪽으로 밀어 놓은 단아한 내공
언제나 마음의 공간을 만들어
나를 편하게 마음 들인다

언제나 맑은 심성을 지키라고
투명함으로 속을 다 보여준다
대나무는 비어 있으나 자취를 남겨
머물렀던 마음을 알게 한다

호수를 날아가는 백조는
그림자를 남기지 않는다

나는 무엇 하며 살았나?

날만 새면 일하시던 어머니가
오늘은 골방에 누워 아프다고 하시며
냉수 한 그릇을 떠오라고 하실 때
무엇이 그리 바빴는지 냉수 한 그릇
달랑 드리고 하던 일이 바쁜 체
빠른 걸음으로 자리를 피했었다

다시 돌아와 보니 냉수는 그냥 있고
어머니는 불덩인데 한전난다 하시며
반소매 입은 나에게 이불 덮어라 하시며
온 몸에 땀을 흘리고 몹시 추워 하셨다
그러다가 새벽이 되면 언제 아팠느냐 싶게
새벽같이 단정하게 아침조반을 지셨다
어머니는 경주이씨 명문가 맏딸로 태어나서
일이라고는 해보지 않은 부잣집 고명이셨다
어머니는 하지도 못하는 일을 종일하시며
중년과부로 8남매를 키우셨다

어머니는 6일을 일하시고 일요일이면
한복에 단장을 하시고 교회에 가신다
나는 어머니모시고 교회의 새벽종을 쳤다

일 년 열두 달 새벽종을 치는 것은 쉽지 않다
새벽 3시 30분이 지나면 다른 신도에게 빼앗긴다
나는 어머니가 일요일 아침 성경책을 들고
교회 문을 여실 때 나는 교회 안에서 학생들을 지도했고
어머니의 반듯한 가리마와 백옥 같은 얼굴을 보며
어머니 제가 효도하겠습니다, 제가 효도하겠습니다
입버릇이 되어 때도 없이 반복하며 걸어 왔다

오늘 새벽 어머니를 꿈속에서 만나 뵙고
벌떡 일어나 어머니 제가 효도하겠습니다. 하고 보니
어언 50년이 지난 오늘 새벽 -
창문 밖 작은 나뭇가지에 까치 한 쌍 푸드득 날아와
알아듣지 못하는 대화를 하고 있다
아마 나를 책망하며 어머니 생전에 제대로 모시지 못해
후회하는 나를 꾸중하는 새소리로 들려 왔다
나는 이제 입속으로 밖에 하지 못한다
죄송합니다, 어머니 죄송합니다. 로
새들의 책망에 마음으로 대답했다

일몰

쉼 없이 분산하던 열기를 나눠주고
수없는 꿈의 그림 황금빛 출렁였으니
이제 한적한 쉼터에서 눈을 붙이고
소홀했던 별빛을 공손히 탐하며
손잡고 일했음을 감사드리네

서둘러 풀무질 준비 마친 후
쉬고 있던 분화구에 소시지 틀고
먼동이 아직은 저 멀리 있어도
나를 기다리는 아홉 자식 함성에
활화산의 열정으로 깨워야 한다

화양연화 花樣年華

봉오리 터진 꽃잎은
수줍어 수술만 나부끼다가
바람이 다녀간 뒤
불그레한 얼굴을 내민다

바람이 슬쩍 들었나
눈을 감았다 떴다 하며
석연하지 않다

바람이 놀다 가면
심통 난 듯 고개 떨구다가
햇살 만나 꽃단장하고
가볍게 흔들리다가

바람이 돌아서 다시 오면
정분 난 둥이 하다가
바람 파도에 유영하듯
인사도 채비도 없는
먼 여행을 떠난다

넘치는 축복

헬런 켈러를 추모하며

빛을 보게 하신 기적이 열리면
첫째 날은 산에 올라
세상의 신비로움을 겸손히 보며
들꽃을 매만지며 기뻐하겠습니다
둘째 날은 사람들과 어울려서
어머니 손을 잡고 시장구경을 하며
대화를 엿들으며 행복하겠습니다

셋째 날은 영화관에 들리고
백화점에 찾아가 나를 사랑하는
소박한 이웃들의 옷가지를 고르고
밤이 깊어가기 전에 집에 돌아와
조용히 거둬 가실 내 시력을
담담히 맞이하겠습니다

감사합니다
일생을 살면서 3일간 세상을 보고
사람들과 어울려 함께하게 하니
축복에 감사드립니다
여생에 동화의 세상을 상상하며
마음의 눈으로 살아가겠습니다

수많은 날들을 마음속에 보내고
눈을 뜬 3일은 참으로 행복했습니다
눈을 뜨게 한 상상을 허락해 주신
넘치는 축복에 감사드립니다

김밥 도시락

간 밤 칼도마소리 이슥한데
그 소리 이은 먼동은 트고
깨소금 향내는 방안에 가득하니
아내가 만들어 낸 새벽김밥은
자연이 놀다 간 정성의 흔적

충무공이 연상되는
충무김밥 도시락을 열면
잘 훈련된 해군들이 정복입고
빈틈없이 줄을 서 도열하고
현란한 휘장도 한결같고
검은색 정장에 흰 셔츠가
충무공 13척처럼 단아하다

새벽차를 타려는 전날 밤은
김밥도시락을 챙겨야 한다
강의실에 입실하면 9시30분
찬 김밥 꾸역꾸역 먹은 보람은
마치 사열하고 분열하는 칼로
단어가 밥알처럼 단단하고
신들린 칼 도마소리 같다

제2부

나이들 적에

나이 들 적에

세상 빛이 이렇게 고울 줄 몰랐네
한적한 길섶 낮은 들꽃이 예쁠 줄이야
아가 새 엄마 찾는 애잔한 노래에
여울돌아 안심하는 작은 물줄기도
흘러가는 구름 속에 평화가 사는지
작은 조약돌에 긴 역사가 기록 된지를
이제야 알 것 같아 손끝이 가볍다

안개 속을 질주하며 물음표를 안고
한참을 헤매던 미로 속의 문답을
나이 드는 일은 나와는 전혀 다른 듯
철이 지나며 교차하던 찬바람이 와도
그저 무관한 시베리아 열차가 달리는
나와는 인연이 다른 세상인 줄 알았는데
멀리 줄 다름 쳐 온 삶이 차곡이 쌓여
가까스로 까치발로 안아 보는 세상

소유하고 싶던 선물을 받아 기쁨을 안고
일 년 준비한 크리스마스 선물의 추억도
허무한 시간이 나이테를 흐렸던 실망에
모두 바람결에 씻겨간 순간의 선물까지
기쁨을 낳은 소유물임을 이제야 알았네
홀로 세상의 짐을 지고 버거웠던 일도
삶의 깊이에서 얻은 선물임을 이제 알았네
나이 드는 소중한 선물임을 깨달았네

지고이네르바이젠(Zigeunerweisen)

일 년에 한번은 이곡을 듣는다
결혼하던 이듬해 내 생일을 맞아
아내는 벽장에다 깊이 준비해 둔
음반을 꺼내면서 열 번 정도 들었는데
마치 당신의 인생과 같을 것이라 하며
이 곡을 선물이라고 틀어 주었다

세월은 지나 음반은 시디로 바뀌고
일년 년 중 행사로 이 곡을 들었다
주어진 장소라야 이 곡을 듣게 되는
지고이네르바이젠이었다
몇 해 전부터 이제는 스마트폰에서
시간과 장소를 가리지 않고 곡을 듣는다

초장은 흐름 속에서 차곡차곡 준비하듯
조용한 서곡이 흐르다가 격동의 순간이
협곡을 지나는 무사의 말발굽이 울리고
미로를 벗어난 푸른 초장을 달리다가
바다의 파도소리 은파로 찰랑이다가
평화가 이어지는 바다의 수평선이 보인다

고산 정관 윤선도선생

굽히지 않는 선비정신이
오늘에 이르러
시대의 사표가 되었다

육동이서의 부드러운 글자체는
세상과 타협을 허락하고
외로운 선비마음을 달래었다

홀로 있을 때 신독하고
내면의 마음을 추스르고
강직함을 지켜 가되
부드러운 표현을 살라한다

구름이 걷히고
밝은 태양이 4월 햇살로
고산 윤선도 유적지를 밝힌다

흰 고무신

1969년 초여름

아버지는 새벽녘까지 활대보의
명주두르마기를 쳐다보았다
어젯밤 숯불다리미로 다리고
가느실로 동정을 정성껏 다신 어머니

한저녁 어둠 헤치고 전해진 부고
툇마루 끝에 놓고 간 누릿한 봉투는
긴 세월을 왕래하던 아버지 친구가
돌아갔다는 통지문이었다

아버지 눈길은 새삼 예리하게도
시선을 놓지 않고 다가올 끝을 예견한 듯
말씀이 날카롭고 행동이 모서리졌다
새벽 일찍 정갈하게 닦아 마른 수건질 한
흰 고무신이 댓돌위에 가지런하다

아버지는 댓님을 쳐 매고 먼 산을 보며
직선으로 걸음을 시작하였다
상가 집에는 수많은 신발들이 엉켜 있었고
징겅징겅 흙발로 남의 신발을 밟고 있었다

나는 한쪽 벽에 기대어 흰 고무신 두 짝을 꽉 쥐고
아버지 조상 모습을 열심히 배우고 있었다
두 시간 서있는 나에게 아주머니 한 분은
부침개와 국수를 챙겨 쟁반에 담아
먹는 모습을 지키는 듯 절절히 권했다
멸치국수 국물이 빈속 밑바닥을 따뜻하게 적셨다
나는 참으로 맛있는 국수국물만 천천히 마셨다

긴 시간을 침묵을 안고 한발 뒤에 종종 걸어서
아버지 뒷모습만 바라보면서 집에 왔다
댓돌아래에 흰 고무신을 벗으며 마루 첫발에
친구 분의 이름을 들릴 듯 조용히 독백했다
오가면서 신었던 반듯한 자색구두와 흰 신발
정갈한 흰 고무신을 살피면서 걸어왔을
아버지의 일생을 오늘 긴 호흡으로 생각했다

2020년 5월 20일 새벽

詩 최 관 수

보령의 짐을 진 사람들

옥마 해맞이에 신축의 벼슬을 세웠고
저마다의 역할로 달려 온 365의 나날은
손에 손을 잡은 11만의 발자국과
우리가 걸어 온 장도의 정렬로
보령의 도약이란 새 역사가 써졌다

우리는 맡겨진 일거리에 성실했고
주어진 임무에 능력을 다했다
다함께 마음을 모아 가뭄을 걱정했고
날로 푸르러 가는 논밭을 보며
너나없이 격려하며 일손을 나눴다
관광보령을 외치는 끝자락에 무지개를 연상하고
머드아가씨 이어지는 미소에 전국이 응원했다

멀리서 다가오는 저 소리는
천년을 준비한 의로운 무술의 고고성
보령 땅에 이르러 행운의 봇짐을 풀고
저마다 반기는 입장과 자리에서
주인의 손에서 빛을 발하게 한다

새해에도 우리는 강건해야 한다
평온하고 잔잔하여 바다처럼 되고
단호하고 칼날 같은 절개로 판단하고
때로는 인내하고 기다리어 행운을 잡고
보령의 주어진 역할에서 혼신을 다하여
고르게 빛을 발하며 주름을 펴야 한다

보령의 일백 사십여 주역은
정성으로 빚어낸 역할과 화음으로
우리 모두 복락을 누릴 낙원을 향하고
어린이들은 미래를 위한 단꿈을 꾸니
청소년에게는 기대와 희망이 꿈틀대고
젊은이는 자부심과 의욕이 확장되어
장년에게는 책임과 보람이 살아 있으니
어른을 공경과 존경으로 모시는
우리 스스로 희망찬 긍지와 지혜를 모아
보령을 번창하게 하는 일꾼이 되게 하라

5월이 떠나려 합니다

어머니하고 부르면 자꾸 멀어질까
속울음으로 가만히 불러 봅니다
어머니! 어머니의 계절 5월이 떠나려 합니다
엎드려 길 삼을 매고 저문 강에 삽을 씻는
아버지 허리춤에 명지수건 찔러 주시던
5월의 싱그러움이 자꾸만 떠날 차비를 서두르네요

봄부터 준비했던 보람 간직하고
모내기를 흥건히 채우고 이제 5월이 떠나려 합니다
이제 가면 언제쯤 오시나요?
5월 농사가 한 해를 짐작하게 하고
부지런한 일손으로 일 년을 기다린다지요

어머니!
제가 5월을 열심히 기웠나요
어린이날에 천진한 아이를 안아 주었나요?
어머니날이 밝아서 꿈속에서 어머니의
마지막 현실의 끈을 잡았었나요?
스승의 날에 꽃을 챙겨 먼 길 찾아뵈었나요?
부처님 오셨다고 덕이 있는 이웃에게 미소로 모셨나요?
성년의 날 지나가는 젊은이에게 따뜻한 시선이었나요?

어머니!
이 5월 푸르름이 온 세상 사람들의 가슴에
희망으로 자라나게 도와주십시오
나의 어머니 뵙고 싶습니다
어머니 손을 잡으면 아주 오래된 만날 수 없는
과거 그리움이 한 장 한 장 떠오르겠어요
어머니!
동구나무

응달진 산보다
동구나무는 먼저 햇살을 반긴다
청 초록빛 무성한 잎들은
정자 뜰 안 작은 마을을
비춰 주고 있다

숨결로 다져진 정자 뜰은
단아한 선비의 이마처럼 반듯하다
독경이 남아 풀잎에 맺혀 있고
화선 채 소리에 흘러간 세월

먼발치 뒷짐 지고 거닐었을
저 정자 뜰 안은 태몽을 꿈꾸듯
조용한 축제를 준비하듯
시루본 사이로 효경소리 스며들고
사랑방 돌 쪼기 사이로
이름 모를 후손들의
착한 은은 소리 흐르고 있다

고향

비단결로 반짝이는 물안개는
햇살이 놓은 다리를 타고
이국의 하늘에 낯 설은 친구만나
구름 되어 흐르다가 무거워서
바람 타고 내려오는 빗줄기

낯 설은 산비탈 허둥대다가
개울타고 조잘대며 뛰어가고
강 가 한적하게 흐르다가
바다에 이르러 옛 친구를 만나
세상구경 애기꽃 만개한다

효경 孝耕

효 마을 가는 길

여명을 헤친 아침 해 떠오르면
산이 다가오고 들을 가로 지르며
어리 빗 가름마 타듯 천안을 향한다

충무로 굽 돌면 유관순 태극기 움켜쥐고
의를 꺼내드는 이동녕동상이 묵묵하니
마음 중심을 꿰뚫고 마디 지으라고 이르는
충절로 어귀 서기어린 아침햇살 등을 토닥인다

넝쿨장미 헤치고 좁다란 문을 통과하니
교육원 독경 머문 흔적의 정적이 여실한데
낯익은 목소리 점점 어울어져 하모니 이루고
오늘도 효를 익히려 차분히 모여 들었다

공간 안에는 낯 설은 인격도 녹여 하나가 되고
아쉬움 남는 교육의 열기는 실내로 번져간다
이제 공작의 날개 다듬는 효 교육지도사로
효의 씨앗 한줌씩 검어 쥐고 광야로 나선다

저마다 가슴속에 효 실천의 문신 새기고
거칠은 벌판을 경작하는 구도자의 갑옷입고
목마른 양심에게 효 적셔 생명의 회복위하여
온대지에 메아리 되어 선을 외쳐야한다

효 짓는 늙은이

노인이 많아지면
사회는 병약하여 힘이 빠지지만
어른이 많아지면 윤택해 집니다
시간이 흐를수록 저마다
부패하기도 하고 발효하는 것이 있듯이
사람도 나이 들어 갈수록
노인과 어른이 있습니다

나이를 날리면 노인이고
나이를 숙성하면 어른입니다
머리가 커지면 노인이지만
마음이 커지면 어른입니다
더 이상 배울 것이 없으면 노인이지만
어린아이에게 배우려하면 어른입니다

채우고자 몸부림치는 노인과
비우고 나누려는 어른이 있습니다
자기중심으로 가정이 돌면 노인이고
중심을 품으면서 배려하면 어른입니다
노인은 무시하면 가만두지 않겠다지만
나를 밟고 올라서라 하면 어른입니다

비교하여 낙담하며 슬퍼 히는 노인과
남은 아름다움을 가꾸면 어른입니다

겉모습이 변하면서 슬퍼하는 노인과
속 차 오름에 충만해 하는 어른입니다
사진관에서 주름을 지우라고 하면
노인의 자격에 슬퍼 머물지만
주름 한 결도 만지지 마시오. 하면
내 인생의 경륜을 자부하는 어른이요
존경받는 우리사회의 어른이십니다
어르신께서는 주인입니다

푸른 오월에

충청 효 교육원 스승의 날

푸르름이 차오르는 대지는 오월의
환희와 희망으로 가득차고
독경소리는 지문처럼 묻어 있는
오붓한 교육관 강의실은 온기가 가득하다
효 교육을 받는 우리들은 환경을 헤치고
소박한 행사를 열고 있다

단상에는 효 학우들의 이름이 나붓끼고
사회자는 황해숙 총무가 진행하였고
문명근 회장이 인사말을 하였다
답사는 최기복원장님이 말씀하셨다
송옥금 효 학우는 시를 낭독하였고
변숙 효 학우는 사은의 편지를 읽었다
이어서 사은패를 드리고 예품을 드렸다
진은정 효 학우는 원장님께 꽃다발을 드렸다
케익을 자르고 사진을 함께 찍고
스승의 날 사행시는 신영 효 학우가 하였고
다과를 하며 서로의 얼굴을 보며 웃었다
스승의 날 노래를 조현곤 효 학우가 부르니
자리한 19명의 효 학우가 함께 불렀다

행운의 시간을 따뜻한 정으로 채웠다
모두 한마디씩 보람 있었다는 인사는
아마 우리의 아름다운 추억이 될 것이다

동구나무

홀로이 서서
바람결에 샤워를 한다
모두 떠나 버린 날 초저녁
깊은 시름 속에서 셈을 한다
귀여웠던 새 순
참으로 무성도 했었지

그 망울망울 부풀었던 새끼들
혼미한 중에 펌푸질로 먹이고
모두가 떠나 버린 뒤 새벽녘
나는 이슬 한 모금씩 목을 축이며
몸까지 벗은 줄도 모르고
눈물이 발끝에 흐르는 줄도 모르고
홀로이 서서 한해 그믐달이 뜨면
희뿌연 배를 열고 다시 금을 그었지

그랬었지
숨바꼭질로 기대왔던 아이가
어른이 되고 할아버지 놀던 곳에
다시 찾아와 옛날이야기 하곤 했지
그렇단다, 나도 속으로 대답했다
나도 모르는 사이 이름 하나 들려왔다
나를 동구나무라 맘대로 부르며
멀리서도 나를 생각한다고 말했다

마음에서 자라고 있다고 말했다

가을바람

떨어지는 낙엽이 춤을 추며
긴 시간을 물들이고 순간을 즐긴다

가을이다
우리 아파하지 말자
나도 아프지 마시게
가을 병이 밀려오면
눈물이 주르르
밀려오는 외로움인지

이틀 동안만 마음 껴안고
바로
가을의 풍요에 합류하자

낮은 자리

화려한 자리에서
조촐한 생각으로
근린 하기는 쉽지 않네

북방한설 어름의자에 앉아
따뜻한 백성의 미소가
내 눈까지 온다면 나는
무서리 속에서도
홑적삼에 맨발 들어
덩실덩실 춤을 추겠네

가와
Restaurant

오래 전 흔적 남겼던
푸른 언덕 가와 레스토랑에서
가녀린 상사화 얼굴을 대한다

문득
가와 여기서 아리랑이 떠오른다
가지 말고 오라고 손짓하는 상사화
푸른 솔 숲 깊은 가와 그윽한 산사
나와 이별하고 떠나는 낭군에게
슬프고 가련하게 매달리는 아리랑

작은 창 넘어 금잔디 가지런하고
허리 굽은 노송의 기다림과 응수한다
정겨운 이웃이 함께하는 공손한 다향
토정 이지함이 넘어 갔을 산골오솔길
오롯이 앉아 있는 상사화 미소 정겹다

가을 풍광

간밤에는 비가 내리고
사나흘 흐린 날씨 속에서
햇빛 부채 살 곱게 빗어
오늘 아침에 펼쳐 보이네

구름은 몰아가고
빈 창공 드높은 하늘
푸른 하는 그윽한 품
한들거리는 들풀안기며
가을과 짝이 되어 여유롭게
드넓은 평화를 호흡하네

논두렁 밭두렁 오가며
뿌려놓은 허투른 낱알도
주인 발자국 숨죽여 듣고
온 동네 자양분 끌어당겨
자신 있게 낫을 대하네

복자福者

이른 봄에는 다행히 엎드려서
복을 지어 내는 기도소리가 있고
온 대지를 푸르름 안에 가꿨다
세월이 지난 언제부터인가
감사는 줄고 모두가 당연한 듯
입술에서 감사소리 허둥댄다

진정 감사가 진동해야 할
이 풍성한 가을날 쥐죽은 듯
소리 소문 없이 알곡은 돈이 되고
아무 일 없는 듯 감사는 사라졌다
소위 행복을 찾아 소유를 서두르고
복을 짓는 사람은 보이지 않는다

대천역 풍경

평행선 위로 달려 온
열차에 몸을 실었다
대천역 열차는 장항선에서
용산역에 이르는 종단열차다
열차는 조용하고 들꽃은 한들거린다

한여름 피서 철은 유난히 붐비고
전국에서 몰려드는 상춘객은
열차 따라 환승하여 대천역에 이른다
차림도 제각각 비키니에 샌들신고
벌써 시원한 해변을 연상케 한다

대합실 안은 작별과 마중으로 붐비고
열차가 떠난 대합실은 적막이 채운다
열차에 오르내린 승객들은 마스크 쓰고
바쁜 걸음으로 역사를 빠져나간다

시월애

둘러 앉아 함께 하는 성찬은
풍요가 있어 마음이 다정하다

포만감에 눈을 들어 자연을 보니
좁다란 창틀 유리벽에 비친 풍경은
힘들게 불어오던 가을바람이 쓰러진 곳
아가단풍 노랑단풍들이 옹기종기 모여
음표 한 소쿠리 가득 싣고 흥얼대는 아이들
적 단풍잎 위로 내려앉은 가을 햇살에
햇살무게 견디지 못하여 낙엽의 의미를 잃고
어미 손을 놓고 먼 길 떠나는 낙엽의 뒤틀림
가을까지 걸어 와서 색동옷 치장의 순간에
허둥거리는 갈지자 걸음마로 유영을 즐긴다

다소곳한 양지에 힘 잃은 쉼표들이 모여
나직하게 나누던 추억의 깊이로 긴 잠들어
철없는 가을 잔디 이불 되어 바스락거린다

천년의 숨결

무염국사의 행적이 새겨 진
낭혜화상백월보광비가 서 있다
천년의 세월 가슴에 안고
풍진세월 표정으로 세고 있다
생생한 역사의 사실이 글자로 남아
긴 세월을 명문으로 증명하건만

현세의 무지한 지식인들은
세월타고 전쟁 놀음에 미쳐서
보물을 제대로 모시지 못하고
알 바닥 바람막이도 걸치지 못하고
큰죄를 짓고 있음을 알지 못한다

역사를 타고 역사를 만들진저
우리의 보물이 세워져야 한다

가을정원

김영배시조시인 문학비

엘가의 '사랑의 인사'에 따라
뜰 안에 모여든 문인들은
저마다 할 일에 손질을 더한다

인사와 축사가 매만져지고
화환과 꽃다발을 정리하니
시비제막의 끈은 가지런하고
문인들은 서로 앞자리를 권한다

논산문화원 정원은 가을맞이에
오색단풍도 안간 힘에 매달려 있다
우리는 형형색색의 자연의 조화와
축객들은 매무새를 바로 하며
진중한 고요의 순간에 함께 한다

인사와 축사와 헌사가 이어지고
문학비 문인의 자녀들이 감사하고
우리는 계곡의 행진에 나란하다
문인의 황금빛 형상이 검은 돌을
배경삼아 청춘의 미소를 짓고 있다

단정하게 완성한 절차탁마의 조형
문학정신을 선택하고 누르고
조각하고 윤택하게 하는 과정이
여실하게 조형된 김영배 시인의 문학비
이 자연과 인간의 도도한 교양미

책을 덮으면서 오랜 추억이 누적된
찹쌀콩떡을 여며 가지런한 선물
제막을 이루고 총총 나서는 문인들
손마다 한 상자씩 가는 곳 찾아
식구들이 미소 지으며 나눌 일이다

하루 밤 사이에

조용한 아침을 맞는다
간밤 폭풍우에 잠 못 이루고
벼개 고여 뒤돌아 눕던 소리
훈풍에 나포되어 열대의 사막으로

이 공손한 9월의 아침
평화로운 댓돌에 천천히 내려오는
잔비 빗방울을 셀뿐이다

가을, 세월은 오가고
그저 차곡하게 쌓이는 빗물처럼
우리가 사는 작은 요람에서
사유해야 할 9월의 첫날이다

쌀

생명, 바로 쌀이다

쌀이 자루 채 버려져 있다
친정어머니 일 년 농사 보람이
뭍 내 난다는 미명 쓰고 버려져 있다

제수 쌀 전이 쓰레기통에 버려졌다
아버지 제사지내고 싸주신 음식보퉁이
잘 도착했니? 어머니 전화에
예, 싸주신 음식 냉장고에 잘 넣었어요
잘했다. 그 보따리 밑에 봤니?
다른 형제 모르게 500만원 들어있다
어렵다고 하니 보태어 쓰거라

비상 걸어 남편과 두 시간을 달려
쓰레기통을 뒤졌으나 행방불명이다
아깝고 억울하여 밤새 울었다
거짓말이 가슴을 찢었다
어머니 돌아가시기 전 말씀드리고
용서를 빌어야 하는데 입이 떨어지지 않아
입속에서만 몸부림친다

마음에 문신이 되어 늘 체한 채
어머니
죄 송 합 니 다

혼 자국 1
박경리의 토지

동피랑의 가파른 절벽에는
알 수 없는 시대표현의 그림들이
동서와 고금을 넘나드는 소재로
벽화들이 섞여서 대화하고 있다

중턱 박경리 기념관은
침묵만 있을 뿐 세월을 세고
오래된 모습으로 충무바다만
담담하게 응시하는 박경리 동상

토지의 변화무상한 대화들은
바람 결에 대지를 휘돌아와
동피랑 언덕에 꽃 자국이 되어
다양한 사람들의 화제 속에
섞여진 혼 자국으로 미소 짓는다

보리밥 피죽으로 연명하며
세월을 살아온 우리의 어머니
그 한 자국이 토지의 선혈 되어
정겨운 마음 돌아 헤매다가
이제 얼 자국으로 정박하였다

혼 자국 2
김춘수의 꽃

포구의 진풍경이 예사롭게
충무어시장에서도 변함이 없다
사투리가 구수하고 호객이 정겹다
선한 아주머니 활어꼬리 높이 들어
저녁이 서둘러 다가오고 있다

한 눈에 들어오는 충무포구 가슴에
이 한없는 대못을 박고 칼을 꽂고
구수한 골목이 혼비백산으로
휘둘려 다녔던 곡절의 세월이
노을 속에 남도의 구름 꽃이 된다

김춘수기념관은 꽃으로 채워진
벽화로 시작하여 담담한 경내에
빈약한 내부를 온통 꽃이 채운다
흑백사진들이 나열된 전시관은
시인의 모습에서 이국적인 느낌

시인만의 눈으로 투시해야 하는
김춘수시인의 한 맺힌 자국에서
늘 외롭고 쓸쓸한 먼 시선으로
그를 위로했던 변방의 현실이
꽃이 되어 우리가슴에 피어있다

혼 자국 3
유치환의 편지

좁다란 골목에 빨간 우체통이
이리도 선명하게 다가오는 편지
늘 반갑고 기다려지는 정다움은
설레 이는 편지 2천통의 연서다

파블로 네루다는 시칠리아 섬에서
깡마른 우체부의 연서를 대필하여
흠모하는 미모의 여인과 결혼을 도왔다
바람소리, 새소리, 파도소리를 담은
편지를 열면 진실이 환하게 핀다

이 골목은 그저 유치환의 골목이다
2층 재봉틀소리 장지문 여 닫는 소리
버선코 방 턱에 부딪치는 소리
이 모든 사소함이 유치환은 편지다
그로 인하여 살림의 곡절을 넘어
행복했고 넘치는 행복을 담았다

이 작고 섬세한 생각이 남아
여명자락을 이고 다가온 햇살
은빛 찰랑이는 충무포구의 아침
유치환사랑은 혼 자국으로 흐른다

혼 자국 4
충무공 이순신정신

스산한 바람 결 충무에 서면
의연한 정렬이 포구에 감돌고
충무공 반열에 올라 섰던
웅온한 장군의 발자취가
듬성듬성 장대처럼 서있고
혼 자국이 되어 서성인다

서슬이 퍼런 임진의 왜란 7년
기근으로 주린 배 움켜쥐며
칼을 갈고 창끝을 세우던
군졸들의 기상이 충무를 휘감고
눈을 들어 둘 곳 없어 피해도
자국 속에 선열의 얼이 어른거린다

충무공 이순신이 우뚝 선 기상
한산도 노량해전 33전 전승의
인고와 연민의 나날이 쌓여
역사를 세우는 민족의 정신에
모본으로 승화한 그 청빈이
충절의 혼 자국으로 쌓여 있다

혼 자국 5
멈출 수 밖에

그저 먹고 자고 한 달쯤 머물고 싶다
어디라도 좋다. 충무포구가 보이는
구석진 문틈이라도 아무 상관없다
그러나, 때론 빠른 잰걸음으로
다음에 나타날 흐미한 기억자국을
신비로움만으로 천진하게 만난다

통영에는 우수영과 좌수영의 본령이요
해양에 위협받는 백성을 지킨 곳
충무는 이순신을 성웅으로 하여 무로써
나라와 백성과 가족에게 효를 다한 곳
문득문득 큰칼차고 호령이 남아 맺힌
비릿내 나는 생선전과 거리구석
강강 수월래 몸짓하던 포목전 골목길
걸음마다 팽겨 앉은 발자국 흔적에도
충무공의 충정이 고여 정이 물씬하다
깊게 파놓은 샘 박경리, 김춘수, 유치환이
들이마신 호흡은 멈출 수밖에 없다

제3부
신율

신율神律

조아람바이올린리스트

현을 타고 내리는 것은
화음만은 아니었다
그것은 육신의 음파
다섯줄에 걸터 앉아
온몸으로 타는 바이올린

아마 그는 작은 신율
천사의 목소리를 대변하는 현
조아람 바이올린리스트
자그마한 체구에 혼신을 다하는
그 열정의 몸짓, 멜로디

그는 밤새워 현 위에서
잠을 자고 꿈을 꾸고 노래하며
배설하는 신율

변화의 주체

오만吾滿

나를 채우기 위한 노력은
순수한 결실을 맺게 하고
나를 채우고 영글게 하여
넘치면 나눠주는 오만

평생학습의 만리장성은
인생의 향내로 되 바뀐 역사
묵묵한 실천으로 이루고 있다

나 한 사람의 정신력 변화는
주변사람을 변화하게 하고
인간적이고 정서가 살아 있는
풍요로운 인생으로 가게 한다

설

반듯하게 선 날
겨우내 추위 견딘 복수꽃
명절이라 바로 설날
윷 던지며 하얗게 터지던 미소
그 미소 살고 있는 고향집
아버지, 어머니

쓱쓱 먹을 갈던 아버지
한 장을 위해 수십 번 쓴 지방
시루 본 사이 눈썹도 희게
익어가는 구수한 시루떡
어머니의 정갈한 칼도마소리

서울에서 사들고 온 대학노트
껴안고 잠이 든 새벽녘
이슬 헤치고 산소에 다녀오시던
아버지 솜바지 황토끝자락
이 조촐한 제사상이 머무는 곳
내 마음은 이미 도착한 고향집

향수

고향의 노래에서 국화꽃이 지는데
늦가을 고향집 굴뚝연기가 생각나고
정지용의 실개천에서 어린 누나가
간난쟁이 나를 업고 개울물을 건널 때
그 깨소금 같던 호사스러움이 떠오르면
이 모두가 어머니다
그 언 손으로 생솔가지 타닥타닥 태우며
눈 가에 흐르던 어머니의 눈물

고향을 그리워하는 마음
온갖 계절을 이고 오직 영그는 가을을
그 결실을 그리워하는 추사 이다
가을 추석에 뵙지 못한 부모님
치마 한감 내복 한 벌 곱게 싸들고
좁다란 골목길 지나 추위에 한 눈 팔지 못하고
하늘 높이 곧장 올라가는 굴뚝 흰 연기
빈들이 서리 옷 입어 오돌오돌 떨기 전
부모님 주름 펴지게 공손한 마음 차려
큰 절로 마음 드려야겠다

내 마음 창을 닦아

조간신문을 기다리며
밤새운 적이 있다
신민의 신문이었다
세월의 굴절은 프리즘
화려함을 먹고 자란
미디어 매체의 활자는
각양각색의 치장으로
뉴스도 사실을 이긴다

한동안 대선 판 정국은
세상을 혼돈케 하였으나
판세가 꺾였는지 명현의
소강이 태풍의 눈이 되어
조용한 요람처럼 두려움이
구석구석마다 차지한다

나랏말쏨이 뿌리가 깊으면
바람에 아니뮐세 이니
견딘 자들에게 기쁨 조각이
성자의 만나가 입속으로
우리 함께 손잡고 나갈
자유 대한 우리의 본질을
광화문 광장 낮은 바닥에
우리의 미래 펼쳐 보자

살림

살림살이로 가장 분주할 때는
결혼할 때나 새집으로 이사할 때다
큰집에서 함께 살다 제금 날 때에는
새롭게 장만하는 살림살이가 많아
살림은 삶을 윤기 나게 살리는 일이다

큰 자식 가산이 기울어서 둘째 집에
부모를 모실 때는 살림을 장만하지 않고
그저 도배하고 이브자리를 갈아 드린다
부모는 보퉁이에 늙은 살림을 붙잡고
한 칸의 방에 차려놓은 추억 속에 사신다

앉은뱅이 나무책상도 낡은 반짓고리도
알 수 없이 하나 둘 종적 없이 사라지고
하나 둘 새 식구로 채워 왠지 낯설다
언제부터인가 손님이 되어 수척해진다

이제 어디를 가도 추억을 살리게 하는
손 때 묻어 나를 세월 속으로 이끌어 줄
장신구를 만날 수 없어 먼 산을 바라본다
희망이라고는 봉곳한 봉분 하나 합폄 할
알뜰히 누울 안방이 흐미하게 떠오르고
새살림은 동전 한 잎 조촐한 신접살이다

음악은 축복

인생의 절정은 즐거움이다
어진 마음을 기르는 도인과
의를 찾아 떠나는 구도자도
예를 갖추는 예학자의 사양도
지혜로움으로 세상을 구하는 일도
인생의 즐거움을 위한 일이다

뮤지컬 최정원의 현란한 몸짓도
조아람이 켜는 바이올린의 음결도
행복의 통로를 확장하고 닦아서
인생에 뿌려지는 즐거움
즐거움의 씨앗은 긍정과 미소
사소한 시작도 순수한 것으로
즐거움의 씨앗이 된다

정의를 초대하며

평원을 가로 지르는 말발굽에는
희망을 실어 나르는 의로움이 있다
오랜 세월을 살아온 우리의 환경에게
단정한 인사로 새롭게 맞이해야 한다

무절제로 병약해진 노쇠한 심신에게
용수철처럼 튀어 오르는 활력을 주고
그늘진 사회의 낮은 음자리 그 자리에
햇빛과 그늘의 하모니를 노래하게 하자

불의로 얼룩진 반목의 두터운 벽에
사과와 용서의 새로운 인사를 먼저 하고
부패로 썩어 있는 웅덩이를 천천히 살펴서
신선하고 새로운 생명수를 드려야 한다

비닐 막으로 시들어 가는 누렁 이파리
봄바람처럼 희망이 가득 찬 초록의 향기
무절제로 산을 이루는 쓰레기 더미에게
용서를 청하고 버려야 하기를 더디해야 한다

오래된 편리함이 우리의 혜택이었음에
절절한 마음으로 지속가능하게 해야 한다
헐떡이는 돌고래 심장에서 뱉은 비닐봉지와
다리를 잃은 들짐승의 고통을 뉘우쳐야 한다

건강한 생명이 흐르는 내 몸이 귀하고
한 손은 나를 위해 일을 하고 다른 한 손은
남을 위한 봉사의 손길을 실천하는 사람
내가 걸어 왔으니 내가 걸어가는 날에
나의 흔적은 단정하고 청결의 실천자

짐승이 울고 새들이 울고 바람이 우는 심정이
인간이 웃고 노래하는 일처럼 모든 생명이
함께 어울려 웃고 노래하는 아름다운 푸른 지구
자연을 사랑하는 마음은 내 심장의 고동소리
나의 생명이 유지됨은 자연의 울림이게 하라

                   축시 2022년 대한민국지속가능발전대회
                         2022년 8월 11일 ~ 13일
                          만세보령 웅비하는 보령바다
                            남곡학인 최관수 작시

흑수저론

평판한 길을 걸어가면
출생의 근본이 출세를 가른다
고난의 용광로에 들어가면
금수저는 녹아 흘러내리고
은수저는 녹아 뭉개지고
동수저는 형태를 잃는다

그러나
흑수저는 불에 들어가면
단단한 고체가 된다

marry Hamiltan(메리 해밀턴)

윌리엄 이 아가는
당신의 아들이 아니에요
성주에게 더럽힌
나의 악마예요
징기스칸은 빼앗긴
아내에게서 잉태된
부하이면서 원수의 자식을
장수로 키워 후계자로 세운
누루하치에 대한 사랑도 있소

그러나
나는 아닙니다
버킹검 담벼락에 아가를 던지고
성주의 명령에 반하지 않고
검푸른 도버에 나비되어 날랐다

인제 가는 길

새벽열차에 몸을 싣고
용산으로 가는 길가엔
이슬 털고 올라온 벼이삭이 새롭고
서부평야지대는 처서기운이다

처음 타보는 청춘열차는
춘천으로 향하는 데이트 쌍쌍이
1층과 2층 객실을 오르내리며
호반을 연상하게 한다

홍천까지는 지루한 시간들
인제에 이르니 약속의 2시를 넘기고
만해마을 택시로 달려 지친 몸
만해축전 한국 시인들을 만났다

박물관 세미나실에는 한국대표
시인들이 마치 교실에서 수업하듯
이름만 들어도 명성이 꽉 차오르는
36시인들이 시 쓰는 길에 있다

속초횟집
코리아횟집

매년 축제마다 찾아오는 집
어제는 서해 도미회가 섬세하고
오늘은 동해광어가 쫄깃하다
코리아횟집 이름 따라 태극기 나붓끼고
날렵한 써빙 아가씨 회맛 돋군다

동해바다 파도는 점점 드높아지고
하늘은 뿌옇게 먹구름에 비 머금고
찌푸린 일몰 즈음인데 벌써 어두워진다
보령에서 속초는 아마득하다
그러나 푸른 파도는 순하고 억 셀뿐
식도락에 취한 듯 말수가 적어지고
시단을 주름잡는 대표시인도 열중이다

인원이 많을수록 식단은 소홀해지나
이 자리는 진해산미 해산물 천지다
흡족히 드시고 누군 거나하게 마시고
다시 만해마을로 홍조 띤 얼굴이 달린다

노래자랑

진지하던 세미나를 마치고
맛있는 저녁식사에 흥이 오르고
거나하게 취한 시인들은
이제 노래자랑의 시간을 갖는다

추천된 10여명의 신인가수들은
제각기 노래준비에 한창이고
주최측 사무총장은 시상금을 발표하니
흥미를 주고 화합을 위해 바람직하다

나는 일곱 번째 노래를 불렀고
김수현곡 지금이라는 곡을 가창했는데
장원은 신달자시인 우수는 이근배시인
나는 3명에게 주는 장려상 1등으로
상금을 받고 시인들의 축하를 받았다

전국에서 모인 시인들은 함께 노래하고
정해진 숙소에서 밤을 새워 대화했다
밤새 어깨동무하며 흘러온 시냇물처럼
날이 밝으니 절친한 이웃이 되었다

백담사 답사

지난 20년 전에 백담사에 왔었다
산골짜기 돌아 편도 1차선도로에
작은 버스로 곡예 하듯 유유히 달려간다
오른쪽에는 가파른 산이 유리창에 닿고
왼쪽은 낭떠러지 계곡에 물이 흐른다
크고 작은 바위는 희고 매끈하여
시릿한 계곡물이 거침없이 흐른다

지난날 왔을 때는 우거진 밀림으로
버스머리를 나뭇가지가 때렸는데
이제 잘 다듬어진 도로와 환경은
경건함보다 관광지로 변해 있다
발걸음은 갈지자 닮아 흩어지고
스님을 만나도 그대로 지나친다
오세영시인의 자작시비가 우뚝하여
함께 사진을 찍고 옆 바위에 앉았다

현액을 직접 쓴 이근배 시인이 식간의
유래를 가만히 설명하며 회고했다

친구

病

용솟음치던 새 봄의 환희와
무성했던 젊은 날의 용기에
영 글은 열매로 보람을 안고
앙상한 가지에 찬 눈 소복하면
슬며시 손 내미는 나의 친구

친구라 여겼던 머리카락이 떠나고
튼튼하던 어금니까지 흔들거리니
남루하게 다가오는 나의 친구
오랜 세월 쌓아온 정 소홀하면
근육 사이사이 찬바람 쏙쏙 들어
반갑지 않은 친구 검은 손 내민다

내 몸에 들어온 친구 밀어 내려
안간힘을 다하여 떨쳐 버리려니
더 악착같이 번져가는 아픔
달래자, 달래가며 친해지자
생명으로 애원하며 모실 테니
친구, 보듬으며 함께 살아요

사다리

더듬더듬 어눌한 말을 하던
듬직한 그 친구의 진실이
그 진실이 진실로 이어져서
유창한 논리의 쉼표를 찍고
징검다리 건널 때 집중하던
그 마음이 이제는 다리가 되었다

마음먹은 누구도 편히 건너가는
다리가 되어 지식을 실어 나르고
재물도 무겁게 부러 나는
사회의 소중한 다리가 되었다

이제는 굳건히 버텨줄 배경에 기대고
세워놓은 만인의 사다리가 되어
하늘의 이치와 땅의 실천들이
사람의 도리에 질서를 더한
지혜를 길어 주는 지도자로
존경과 신뢰의 두레박이 되었다

묵묵한 사다리는 역사의 주인이다

가연歌戀

하루방

한 사람이 엎드려 일을 하고
옆 사람이 함께 흥얼거려서
나의 노래가 생활에 번지면
세상에 노래를 널어놓는다
나는 노래를 흠모하는 여인

말에 음을 더하여 비단을 짜고
그대의 목소리에 곱게 입혀서
고아하고 부드러운 나의 삶
나의 노래가 먼 길을 떠나면
홀로된 나도 즐거움이 되고
노래가 나의 마음에 적셔간다

그리움을 쌓으며

가을, 그리움의 가을입니다
그리움은 모습이 없어 하트를 새기고
그리움의 의미를 그림으로 그려서
그리운 편지에 마음을 띄웁니다
글은 그리움
낙엽 흩어진 마음 조각모아서
그리움을 표현해 봅니다

자신에게 편지 해 보십시오
어머니 그리움을 소복이 담아서
아버지 묵묵한 정 그리움이라 적고
고백하지 못한 불면의 시간들
"사랑한다, 사랑한다-"
그대를 사랑한다고 편지하셔요

바로 오늘 11월 11일 밤11시
편지쓰기 좋은 날입니다
수채화 같은 그레이 스카이
마음의 편지는 핑크 옐로우
불결한 입으로도 기도하게 하는
자연의 순리에 감사하다고 외치면
행복답장이 소쿠리 채 다가옵니다

행복의 시작

신협정신

사람의 말 한마디는 천금과 같다
나라를 일으켜 세울 힘이 모자랄 때
배고파 굶주려 할 말을 다 못할 때
보화처럼 꺼내어 쓰는 사람의 말
그 말의 뼈에 믿음이 차오르고
믿음이 살이 찔수록 말이 건강하다
삶이란 말이 말씀이 되게 하고
말씀 따라 행복이 자라난다

사람과 사람이 여럿이 모여서
선한 힘이 모이면 견고하고 굳세다
진정 굳센 힘은 하늘이 허락하고
실천 할 지경마다 경계를 낮추고
사람이 맡아서 선한 일을 이룬다
가장 빈약하고 여려서 무시되어도
신의에 성실을 입으면 담대해지고
그 담대함은 만인을 위한 힘이 되고
세상을 건너는 지혜로움을 낳는다

진정 힘이 모여 선한 결실을 소유하면
그 향내 세상에 이르러 행복이 번진다

대천신용협동조합의 융성과 낮은 곳으로 떨어지는 낙엽의 속마음은 새 봄의 푸르름을 위한 진정한 신의임을 실천하는 구자홍이사장의 성실한 마음에 감동하여 시를 짓고 쓰고 청사에 걸게 하다. 최관수 시짓고 모필하다

가을해변

대천해수욕장

스산한 저녁 해변에 서면
쉬임 없이 다가와 고개 숙이는 파도
포만감의 만조 가득 찬 바다
태양이 내려와 햇살 가득 뿌리면
은사 빛 비단옷 입은 이 넓은 바다
언젠가 이 자리에서 파도는 노래하며
가을해변을 쓸쓸하게 걸었었다

오늘도 한 켠이 비어있는 공허한 마음
멀리서 아이 부르는 소리와 파도소리
사람의 목소리와 자연의 쉼 없는 기다림
기다림과 그리움은 얼마나 참을까
천수횟집에 이르러 나를 찾았는지
일행과 나눈 만찬의 풍성한 자리는
그리움을 더 멀리 보내고 있다

낙엽

앙상한 가지가 측은하여
마지막 매달린 낙엽 신세
사나운 비바람 함께 견딘 세월
정 쌓여 쉬이 떠나지 못하네

훌쩍 떠나지 못하고
서성이는 낙엽은
그대의 따스한 입김 때문입니다
감사합니다
연두 빛으로 다시 뵙겠습니다

무성한 친구들이 찾아오기 전
가녀린 연두 잎 슬며시 나오면
따스한 인사의 방문입니다

위로

망각의 나락

잊혀지는 것을 기억하라
행복한 나날들의 환희와
고통을 벗어난 편린들을
행복의 기억이 뜨거운 태양의 추억일 때
고통의 그늘을 헤치고 태어나는 행복을
붙들지 마라. 떠나는 그곳에서 평안하리라
세월이 흐를수록 망각의 무수한 행진
나락으로 떨어지는 소낙비의 무음으로
떨어져라. 그 끝 간 곳에서 안식하라
어릴 적 흥얼거렸던 동요들도
아름다움이라는 상자와 함께 떠나갔다
송두리째 떠나는 기억들을 서러워마라
망각의 빈자리에 새 순이 돋아 피어
다시 추억을 향해 줄기차게 태어난다

망각이 죽은 자리에서 생각이 솟아난다

제4부
가을 날개

가을 날개

높아 가는 가을 하늘에
가엾이 휘 젓는 날개 짓
텅 빈 마음에 헛손질이다

가을이라 더 넓어진 공간은
얼마나 헝클어진 마음이어야
공간을 채워갈 수 있을까

까마득히 먼 먼길 나서는
저 기러기 날개 얼마나 차가울까
빈속으로 날아가니 현기증 깊어
갈 길 잃어 쉬이 지칠 거야

가을 날개는 외로운 헛손질
바람이 불어와 흔들리는 갈대도
가을 날개 되어 외로워하고
모두 쓸쓸한 날개되어 흔들리네

곤한 몸 날개 접어 빈 둥지라도
잠시 쉬어갈 수 있을까

수상

돌이켜 보면 복지에 힘 쓴 것은
나의 발전에 기여한 것이었다
나를 위해서 노력해 온 것이
어찌 사회복지에도 공헌이었다

가훈 써드리기 1만 가정을 넘기며
그 질곡의 세월 30년이 쌓여
남의 가훈을 써주기 위한 하얀 밤
270가정의 가훈을 하루 밤에 쓴 기억
이 모두 나를 위한 몸부림이었다

한국사회복지중앙회장상을 받고
잠시 허탈하고 낯 설은 순간을 지나
이 평가를 채우는 웅덩이 같은 무게와
나머지 삭풍 같은 세월을 헤쳐
상을 채우기 위한 혹독한 자신을
얼마나 황량한 공백의 빈들에
나를 다시 던질 것인가

돌을 쪼는 사람들

인고의 세월이 오래 키운
울분의 시간이 켜켜이 쌓여
아사달의 무영탑을 빚듯
백제의 석공들이 돌을 쪼고 있다

태공의 빈 낚시질에 세월을 낚듯
석공의 애환과 벽과의 몸부림
신들린 듯 이 부드러운 표정은
돌의 승낙 없이는 순간도 없는
석공의 혼을 불어넣는 투혼이다

돌은 단단하나 석공의 밥이다
그 뾰족한 정 하나로 무궁한 인내
형태를 세우는 것은 아름다운 순간
그 안에 녹아 있는 그 단단하던 시간
단단함을 주무르는 그 내공으로
오늘도 밤잠을 설치고 있다

석공시연
고석산석공장

문형을 돌에 새겨 온 역사는
선사의 생존의 수단으로
지극히 단단한 돌덩이와
부드러움으로 이를 세련화 하는
조화의 장구한 세월이었다

신들린 듯 도면을 머리에 이고
내리치는 망치는 한결같아서
드러나는 형체는 바람을 치듯
고석산석공의 누적된 장인정신
정교한 손놀림에 표정이 나온다

정 소리와 돌의 울부짖음이
화음 되어 형체를 이루는 것은
손놀림으로 말하는 혼의 행진
담담한 듯 돌과의 대화 속에
웅장한 돌 심장을 도려내고 있다

경로당 이야기

17% 고령화 사회는 현실이다
23%의 초고령 사회로 줄 다름치는
한국사회 늙은이의 애환이 있다
머지않아 노인이 절반이 된다

사회병리현상은 출산을 주저하고
낳아 기르고 가르치고 분가에 이르러
청춘을 빼앗기고 역기능의 반복이
이제는 울음소리가 그친 마을이다

이 어려운 환경에서 노인의 일자리는
노인이 은거할 소일을 찾아 궁리하는
한국경로당연구회장 구종회교수가
노인의 애환을 입증하는 현장의 소리
경로당이야기를 엮어 세상에 내놓았다

아산의 향기
아산시민 시낭송대회

장문의 시를 어린아이가 과감하게
도전하여 7분간의 낭송을 마친다
이 야무진 입으로 읖조리는 모습이
신들린 듯 단어 떼기 음정 하나에
집중하는 모습이 오히려 가련하다

조그만 머리 양 갈래 댕기에
수수하나 창백한 얼굴에 영롱한 눈동자
아산의 미래를 유감없이 내 품고
이렇게 당당한 아산의 저력이다
32명의 시 낭송 각양각색의 향기
웅비하는 아산을 노래하고 있다

지도자가 얼마나 중요한가?
이들은 이미 지도자의 구도를 꿈꾸며
낭송가의 초입에 다가 서 있다

시 낭송축제

전국에서 모여 든 시 낭송가들이
제각기 명찰과 번호표를 달고
순서대로 27명이 각양각색으로
지정 시와 자유시를 낭송하고 있다

옷차림도 양장 한복 춤복으로
무대를 의식한 듯 다양한 멋이다
표정도 제각각 초조한 모습
당당한 모습 어사또처럼 부채까지
가냘픈 자태와 당당한 여인
긴장한 듯 머리를 떨구고 돌아서는
연습이 부족한 아쉬운 모습

시상대에 오르면 표정은 바뀌고
복장마다 큰 상일수록 밝은 표정
당당한 차림보다 수줍은 마음이
대상을 차지한다

공경

있어야 할 곳에 공경이 없다
늙은 사람들의 잔소리가 있고
섞어진 음식냄새에 어지럽고
험담들이 쓰레기 되어 다투어댄다
공경을 해야 할 젊은이들은 보이지 않고
지팡이 짚고 먼 길 찾던 경로당이
이제는 이웃집처럼 흔하고 많다

경제가 판치는 경로당은
인품과 배려와 섬김이 없다
상록수의 다른 모습은 경로당이다
새끼 꼬며 새봄맞이 희망을 지니고
위로와 배려의 온실이어야 할 경로당
개화를 꿈꾸며 원래의 경로당으로
절규하듯 경로당이야기를 정겹게 하는
어른이 경로당을 지켜야 한다

당당함
아산문학낭송대회

온양제일호텔 행사장에 이르면
어린이부터 중년의 예비 낭송가 들이
긴장하는듯하나 여유가 있다
당당한 초등2년생 낭송자는
키 보다 훨씬 긴 장시를 낭송하며
토시하나 음률하나 서툴지 않는
완벽한 낭송을 하며 감동을 준다

여유 있는 성인부 낭송자들은
재대로 갖추어 낭송하는 솜씨가
시 속으로 깊이 안내하고
시 색깔과 맞춰 입은 의상이
시 내용을 한결 도와주고
감동을 주는 낭송자들은
저마다 미래를 꿈꾸고 있다

시 향연
서산 시낭송축제

서산에는 상서로운 기운이 있다
이른 아침 태안과 서산을 휘감는
안개 짙은 새벽길을 달린다
낯익은 문인들을 만나고
전국에서 모여든 시낭송객과
조우하며 설레는 마음이다

낭송대회 신청자는 37명으로
전국 어디에서도 당당한 대회다
하루 일정으로 이어지는 본 대회는
장장 6시간의 긴 여정이다
상금도 대상200만원으로
전국대회를 선언한 대회 규모다
서산시장은 아낌없는 지원을 약속하고
문화를 즐기고 인문학의 깊은 이해와
즉석연설이 돋보이는 인텔리다

한마디로 부러운 일이다
문화재단에서 시종 평가를 쓰고 있다

보리암

남해도는 섬이라 하나 이미 육지다
해발 400고지가 정상인 산세가
마치 꿈틀거리는 뿌리와 같다
산맥의 산 중에서 볼 수 있는
10m 크기 바위를 이고 700년
당당히 서있는 정겨운 보리암은
오랜 역사를 지니고 섬을 지키고 있다

태조 이성계가 조선을 도모하기 위한
기도처가 되고 수많은 승려가 스친 듯
기둥들이 반들거리고 손때가 깊다
가파르게 걸어가며 숨은 차오르나
참예자의 고른 호흡을 기다리고 있었다

잦은 난리에 바람도 쉬지 못한
남도의 가파른 해안 그림 같은 섬들
거인의 왕국에서 징검다리라 할 듯
촘촘한 섬들 사이 바람이 오가는 듯
작은 파도 찰랑이며 노닐고 있다

상주 은빛모래 해수욕장
남해도

한반도 남쪽 끝에 매달린
남해도는 이상하리만큼 잔잔하여
파도가 쉬기에 익숙한 곳인 듯
잠 못 든 작은 파도만 찰랑거린다

태평양 파도가 밀려 올 듯한
억센 파도가 쉽게 쓰러 질 듯한
보니의 기억은 상상에 하염없고
500m 해안선은 착한 아기들의
바다인 듯 아기파도가 산다

유난히 빛나는 모래는 노을햇살에
은은하게 반짝이고 다가가 보면
황금빛 모래에 소금별이 살아 있고
무심하게 새털처럼 걷고 싶다

멀리 배 한척이 귀향하고 있다

남해 유배문학관

남해에는 사람이 살지 않았다
유배지가 되어 조개를 캐 먹으며
소일 없이 꺼져가는 선비의 외로움이
사색당쟁의 그늘에 밀려난 서러움을
흐느적거리며 빈 손질만 한적하던
충청도 서인들의 유배지였다

문학관은 섬이란 생각을 지우듯
오랜 시간이 묻어 있어 천천히 본다
구운몽과 사씨남정기의 작가 김만중
유배선비의 애환을 기억하고 있다
유배 현장에서 형틀에 몸부림쳤던
그 청렴한 선비들의 참다 버린 신음소리
시대마다 정의는 변하는 것인지
글로 표현한 청백리의 억울한 누명이
사후에 밝혀지니 통곡이 소용 있으랴

삼천포대교

노을과 벗 삼은 삼천포대교는
형형색색 계절은 계절대로
구름 낀 날은 그 황홀경에 이르는
해와 함께 무리 지는 남도의 정경을
평화와 여유로 드러낸다

대교는 바다로 질주하듯
그 아름다운 곡선을 감추고
그 끝에 매달린 가을홍시인 듯
피곤한 태양이 사뿐히 안긴다

발끝 아래 유리벽 밑에는
50m침엽수가 하늘 향해 뻗어 올라
발밑을 간질이는 듯 등등하다
이런 경치는 가히 경이적이다
더 무어라 표현할 길이 없다
걸어갈 수 없어 시선을 멀리하고
두려움에 떨며 한발을 내민다

독일마을

기근과 가난으로 삭먹이라 하는
입을 붙여 놓고 식구를 줄인 적이 있다
독일 사람들이 기피하는 광구 막장은
죽음 반 가난 반의 암흑이었다

고국의 식구를 먹여 살리려고
파독간호사는 현장에서 피를 닦고
파독광부들은 사지 굴에서 돈을 팠다
광구만도 힘겨운 석탄 캐는 현장에서
돈을 고국에 보내는 것이 전부였다

독일정부의 광업합리화로 명령에 따라
고향에 돌아갈 수 없는 자신들은
마을을 만들고 남해를 고향으로 삼고
빈 무덤을 만들고 언젠가는 돌아올
고국남해의 땅에 묻히고자 염원하며
이 땅을 그리며 여생하고 있다

김만중문학관

유배지로 알려진 남해 땅에는
죄인의 귀향 살이로 버려진 곳이다
이제 남해는 섬이 아니라 절경의
관광지로 부자들의 휴양지가 되었다

김만중문학관은 육지에 이르는 길목
넓다 란 대지에 단아한 건물로
어느 문학관에 뒤지지 않는
설계에서 정신적인 배려에 이르는
인공 굴을 뚫고 암울한 그 시대의
정세의 여실한 환경이 엿보였다

사씨남정기 구운몽 등을 지어 당시
정가와 사회의 쇠락을 고발하여
바로 잡고자 목숨도 불사한 정신
큰칼을 차보니 목이 서늘하고 실감났다

시화전詩畵展

2022년 12월 4일 군산

대도시 군산은 호남 중심축에서
한 발 물러나서 고도의 풍광에 젖어 있다
기세를 자랑하듯 시민문화성이 유지되고
예술을 좋아하는 독특한 이방인이다

문화예술회관의 부산한 오픈행사도
한적하게 서서 감상하는 몇 몇 시민들
컴퓨터문화에 떠밀려 축제가 아닌
의무적 전시로 무엇을 얻을 수 있을까

공간이 넓어 주최 측 목소리가 울리고
웅변하는 목소리는 과장으로 들리고
그래도 볼만한 문인화 몇 점이 있고
천산의 문인화는 단연 돋보였다
제 필이 미흡한 것들이 널어 있었다

사람 사이에

김광호박사 내외

보령제약이라는 성공한 기업의
대표를 지냈던 박사 내외는
의료진을 동원하여 오지 진료에 나서고
사회의 버려진 곳 낮은 곳을 찾아서
봉사행진에 담담한 실천을 한다

선량한 심성으로 욕심 없이 지낸
보령발전의 실천가요 활동가이다
선민적인 친화는 주변을 위하고
부창부수의 순수한 발걸음은
늘 모습에 구김 없이 편하다

언제나 천진한 모습과 표정
때로는 구도자가 되어 진지하고
침묵으로 일관하는 정제된 삶
고비를 쉽게 넘어서는 지혜는
달관된 삶의 성실과 진정에서
넘을 수 없는 경계를 보유한다

풀무질

충청남도무형문화재 제48호 고석산석장

석공의 길은 외롭고 가난한 길
선비가 글을 지으면 바위에 속히 새기는 일
토방 아래 먹는 둥 마는 둥 훔치는 입 가
수염부리는 늘 부설물이 묻어 있는 삶
언제나 일터는 난달 개척의 땅
아궁이를 만들고 풀무질하는 화부가
묵묵한 얼굴로 화살촉이나 정을 빚는
정성을 시작으로 정 소리는 고요를 깬다

차가운 들판 찬 손 불며 풀무질해야
언 손 녹이고 차디찬 바위와 대면하니
처음에는 물러서며 어림도 없었을 것이다
차츰 명연이 나타나고 심한 삿바 싸움으로
바위하나 넘어트리고 이제 시작된 것은
어루 만져 다루는 일 이것은 평소의 미소
그 검붉은 곳에서 시작된 잔잔한 인내
천년의 미소를 빚는다, 그것은 기적
해탈의 소요, 만인의 미소가 된다

돌을 자르다

세월로는 가름할 수 없는
길고 긴 여정을 침묵으로
오직 그 곳, 버티고 앉아 있던
그 긴 침묵의 바위덩이가
어느 짧은 순간 인간이라고 하는
문명을 앞세운 저울대에 매달려
나도 모르게 낯 설은 곳에 이르렀다

예리한 눈매도 순간을 스칠 뿐
구석구석 혈도에 못 침을 박고
메를 칠 때마다 혼미를 거듭하다가
처음에는 간 지름 치는 줄 알았는데
순간 쩍 하는 단음과 갈라지는
이 긴 침묵의 몸뚱어리 속살
눈부신 태양도 구름 속에 숨고
신비의 역사 속에 돌을 가르다

뜻깊은 전시

2022남해방문의해 전시전

한반도 남단 남해군의 열정이
6.25참전과 월남전 전시회를 이루어
흔적남기기의 뭉클한 감동을 느낀다
남해유배문학관은 전쟁사적을 펼쳐
값진 희생을 숭고한 민족정신에 입혔다

역사의 흔적은 갈수록 잊혀지는 것
나라를 위해 몸을 바친 충혼이 위로받고
그 업적이 민족의 교훈으로 살고 있어
고뇌의 얼이 불타오를 때 융성한다
현장의 일기와 편지글 앨범 소장품이
1,286점이 죽어가는 신음소리로 말하니
국가보훈처사업이 참으로 보람을 준다

유품을 보면서 숙연하고 감동하고 울먹이며
시선이 멈추고 국가유공자의 값진 희생에
존경과 예우와 무한한 배려여야 하며
전 국민이 반드시 보게 해야 한다

하트

배움의 시절에는
온 세상이 사각형으로
오직 사각형의 완성에
모서리에 다쳐서 상처가 되었지만
세상의 네 기둥도 배웠다
사회에 어울리면서
사각형이 점점 곡선을 그리며
나의 성격까지 둥글어지고
모든 일이 잘 둥글었다

둥근 마음으로 이웃에게
자주 굴러가고 친해지니
크게 보이던 단점도 줄어들고
도움주고 도움을 받아
하트의 모습으로 사랑하니
내 마음도 사랑을 닮아가고
처음 그대로 사랑하게 되어
모든 것을 사랑하게 되었다

그림자의 삶

그림자의 삶은 언제나 초라하다
형체가 없어지면 흔적 없이 사라지는
그림자의 역사는 헛수고다

주인이 그늘에서 쉴 때 그 잠깐
평안한 식영의 순간이다
그림자로 시작한 상상은
나타나는 대로 숨어버리는 삶
무게도 없고 자라지도 못하는
수고의 댓가도 없는 삶이다

떨쳐 버릴 수 없는 그림자는
해를 따라서 달을 따라서
힘겨운 삶을 살아간다
그림자 인생은 성공도 실패도 없다
생각도 없고 자유도 없는 구속이다
언제나 뼈에로 주인의 형체대로
삶을 맡길 뿐 허무한 일이다

언 땅 즐기는 뿌리

가지 흔들던 삭풍이 지나고
소복이 내린 찬 눈 등에 지고
앙상한 몸 뒤척이는 차가운 밤
열매를 잉태했던 가지마다
찬바람 쉴 틈 없이 몰아친다

의지할 데 없는 앙상한 가지
무성했던 이파리와 춤을 추던
그 추억사이로 군불지피며
언 땅 더듬이 세워 먹이 찾아 헤매며
칠흑의 어둠을 허둥거리는 뿌리
오직 믿고 서있는 앙상한 나무

멀리서 들리는 봄소식에도
언 땅은 미동도 없는 철갑이다
빈 손들고 나서는 뿌리의 희망에
잠겼던 겨울 시냇물 흐르면서
머리 풀어 산발한 채 탁발의 봄
언 땅 즐기는 뿌리도 한줄기 미소

침묵

나의 침묵이 얼마나 우매한 일이었나
땅이 얼어서 겨울잠에 들었는지
앙상한 가지들이 맞바람과 노니는지
스산한 거리 한적한 듯 행인의 뒷모습
나의 침묵에 동조하며 겨울잠을 자는지

마스크를 쓰고 불평에 영 글은 단어들
벌써 한 달쯤 버려진 쓰레기장 농짝들
봄이 오긴 올 건가 투덜대는 노점상인
햇빛좋은 날 핑개 대고 한 달 입은 외투
나의 침묵을 덮어주는 동반자들인 줄

나의 침묵이 게으름이란 것에 안주한
어제 새벽 장갑이 필요 없는 봄기운
화들짝 놀라 담장 넘어 쳐다보니
몽글몽글 목련이 봉오리를 내밀고
겨우내 불 지펴 용광로에 다려 온
봄 준비한 전령들이 나의 침묵에게
알맹이 없는 침묵이라 비켜 가시네

epilogue

　조율의 서막이란 이름으로 시집을 낸다.
　엮기 위해서 시를 추슬러 보니 희노애락의 파로라마가 연상된다. 세월의 나이테처럼 생활의 굴절이 있을 때마다 마음의 변화가 나타나 있다.

　제1부 접촉과 연결에서 편린을 끌어 모아 긍정적 시선으로 안착하도록 노력한 흔적은 시로 표현된 부분을 다시 보면서 아쉬움도 있지만 생산된 시를 보며 다행히 편안해 진다.
　제2부 나이들 적에 이제는 나이가 들었다고 생각이 든다. 30년을 함께 글쓰기에 동행한 보령예지회 회원들을 생각하며 20여 회원이 듬성듬성 흰머리가 보이는 중년여인으로 자리하는 변화해 가는 모습을 보면서 공저집 한여울에 기고한 시를 내세워 보았다. 그 배경에는 나 자신에 대한 이입이 포함되었고 나 혼자의 구도자와도 같은 일상에 대한 회상도 들어 있다.
　스스로를 보며 홀로 세상의 짐을 지고 버거웠던 일도 추기경과 같은 금도에 에워 쌓인 삶의 깊이에서 얻은 선물임을 깨닫는 감사의 순간이 늘어나는 것은 눈높이의 조율에서도 나이 드는 소중한 선물로 승화할 수 있었다.

  제3부 신율神律이란 이름을 지었다. 전자 바이올리스트 조아람의 신들린 연주에서 나도 모르게 서서히 감동 안에 진입하였다. 그것은 음과 호흡의 일치되는 순간을 느꼈다. 기술에서가 아닌 진정으로 소리를 내 몸 안에서 나오는 몰아의 경지에서 신들린 연주를 보며 그 감동이 가라앉지 않고 머리에 음파로 오래 동안 맴돌았다. 그것은 그 음악의 수준을 의미하는 것이 아니고 즐길 수 있는 마음자세가 참으로 아름다웠다.

  주인은 상대가 될 수밖에 없는 창작품 중에도 특히 시詩는 맑은 정신과 이슬과 같은 시심詩心이 하나가 되었을 때 나의 몸을 적시고 채우고 밖에 나왔을 때 상대의 감동을 받게 됨을 소리에서 상기하게 된다.

  제4부 가을날개 새벽 6시35분 기차를 타고 원거리 강의 일정에 맞춰서 빈 속에 새벽공기와 아침 해가 떠오르기 직전의 대지는 차갑고 내 마음도 공허해 진다. 간혹 허둥거려 질 때도 있다. 이른 9시30분까지는 현장에 도착해야 하는 가뿐 일정에 마치 북향을 날아가는 기러기를 연상하며 빈 하늘이 마치 공허한 내 마음 같았다. 기차 안에서 눈치 보며 김밥을 먹으며 아직은 온기가 남아 있는 아욱 된장국이 편안하게 해 준다. 해 뜨기 전 맑은 창공에 벌써 줄을 맞추어 하늘구멍으로 미끄러져 가는 기러

기 떼 빈속에 현기증 느끼며 400km의 오래된 습관의 날개 짓 따라 날아가는 곳 어딘가에 쉼터가 있을 것이다.

이렇게 추슬러 보니 90편의 시를 모아 엮게 되었다.

권력과 권위를 소유하면 균형을 맞추라는 소명으로 알고 실천해 왔지만 시대는 인간이 만물의 영장이라는 지정받은 지위를 남용하여 도와준다는 전제아래 균형을 잃고 심하게 기울어졌다. 유지되어야 하는 모든 이치는 편리에 의해서 심하게 비틀어 졌다. 조여야 할 것이 늘어졌고 쌓여야 할 것들이 심하게 허물어졌고 바르게 되어야 할 것들이 스스로 바르다고 하면서 심하게 바르지 못하다.

이 모두 사람의 이기에 의해서 동물들이 학대당하고 오솔길이 시멘트 분칠에 숨통이 막히고 나무가 관상수라는 미명아래 철사에 묶이고 조여져 죽기 일보 직전이다. 착한 사람이 모함에 의해서 사형수까지 되고 그늘에서 그 착함을 보며 흠모하였던 사람들이 착함을 중단하고 "될 대로 되라." 식의 인생을 허물고 있는 것은 슬픈 일이다.

성인 공자는 자식이 죽었을 때 "불효니 거적에 말아서 장사지내 주어라."는 가혹한 말을 하였으나 제자 안회가 세상을 떠났을 때 대성통곡을 하며 "하늘이 세상의 선善을 데리고 갔다."고 하였다.

세상에 남아서 오랫동안 본을 보이면서 모범이라는 것을 보면서 교훈을 받아야 할 세상인데 고진 감내라고 수없이 되뇌이기도 하지만 이상하리만치 좋은 것은 소유가 짧다. 생명으로는 짧지만 이름으로는 길게 기억되는 것이 선함이다. 분명 선함은 외형보다는 내면에 정박하고 있어 외형을 주장하며 존재를 그늘진 곳에 깊게 각인되고 있을 것이다.

　오직 발전이라는 그 전진만을 위하여 수직적으로 줄 다름 해 온 인류는 질서를 유지해 왔던 1700년경 까지는 권선징악이 세상을 관통하는 진리였으나 그 후에도 심하게 달려 온 이기利己는 선善보다는 오히려 비선非善이 우세한 현세이다.

　눈물을 흘리며 통곡을 해도 돌아 올수 없는 것이 명랑시대이다. 그러나, 이제 지난날을 돌아보며 인간의 본성을 다시 상기하며 성찰해야 하는 침묵의 기도기간이 필요하지 않을까? "조율의 서막" 게재된 시 속에 답이 있는 것은 아니다. 시를 쓰면서 "조율해야 한다."를 염두에 두고 지내 온 세월임은 확실하다.

　또 한 권의 졸저를 내 놓고 얼마나 부족함에 대한 긴 시간을 뉘우치게 될지 걱정이다. 시선을 주는 그 귀함에 감사드릴 뿐,

2024년 12월
최관수 씀